ÉLOGE

DE

MOUNIER

Lu à la Séance de rentrée des Conférences d'Avocats stagiaires,

PAR

FÉLIX DU BOYS,

Avocat à la Cour impériale de Grenoble.

GRENOBLE,

MAISONVILLE ET FILS, IMPRIMEURS-LIBRAIRES,

Rue du Quai, 8.

—

1865.

Messieurs, Mes chers confrères

« Il faut citer en exemple les grands crimes comme les
« grandes vertus, pour montrer toute l'horreur des uns et
« tout le prix des autres. » Celui qui écrivait ces lignes en
parlant d'un des épisodes les plus tristes de la Révolution
française, a résumé en quelques mots tous les enseigne-
ments que nous fournit l'histoire en général, et particulière-
ment l'histoire de cette époque sur laquelle on a tant écrit
et sur laquelle il reste tant à dire. Les grands crimes, il les
déplorait, et tant que cela fut possible il s'efforça de les
conjurer ; les grandes vertus, il en a donné l'exemple.

On a dit souvent que la magistrature et le barreau français
avaient été de tout temps le berceau des esprits distingués,
des diplomates, des orateurs et des hommes d'état. Je puis
ajouter, sans crainte d'être démenti, que la magistrature et
le barreau du Dauphiné ont fortement contribué, pour leur
part, à fournir au pays des hommes dont les talents et les

services ne peuvent ni ne doivent être oubliés. Et ce qui était
vrai autrefois ne l'est pas moins aujourd'hui. Si je voulais
en venir à citer des noms, je n'aurais que l'embarras de les
choisir, car j'en trouverais plus d'un capable de figurer à
côté des Expilly, des Valbonnais, des Guy-Pape, des Salvaing
de Boissieu, et de tant d'autres qui ont eu ici de si dignes
panégyristes. Ce n'est point au siècle de ces jurisconsultes
que nous nous reportons aujourd'hui, mais à une époque
plus récente et plus rapprochée de nous, à ces années si
agitées pendant lesquelles, au milieu de tant d'infamies, de
bassesses et de lâchetés qui attristent aujourd'hui nos cœurs
de Français, nous avons la consolation de retrouver des
âmes généreuses et droites, qui, tout en sentant la nécessité
des réformes, comprenaient aussi ce qui seul pouvait assurer la véritable grandeur du pays et y maintenir l'ordre et
la paix. Ces esprits éclairés et sages, amis de la justice,
exempts d'ambition et d'égoïsme, recherchant plutôt ce
qui pouvait contribuer au bonheur de la France que la
fausse gloire et les succès fragiles de la popularité, n'étaient
pas rares en Dauphiné, soit dans la noblesse, soit dans le
tiers-état. Les évènements allaient bientôt en fournir la
preuve.

Trois jeunes avocats se faisaient remarquer alors à la
tête du barreau de Grenoble. — C'étaient *Barnave*, *Mounier* et *Barthélemy d'Orbanne*. Le premier brillait par le
charme de sa parole, la vivacité de son esprit et la grâce de
ses manières. Il ne fit que traverser le barreau et se trouva
tout à coup porté sur le terrain mouvant et périlleux de la
tribune. Embrassant avec toute l'ardeur de sa bouillante
imagination les idées nouvelles, il devint l'idole du parti
populaire en attendant qu'il en fût la victime. Sa noble con-

duite pendant le voyage de Varennes, son dévouement tardif à la monarchie, la pureté de ses intentions, la sincérité de son repentir, lui font presque pardonner ses erreurs, mais ne peuvent faire oublier un mot fatal, échappé de sa bouche dans un moment d'exaltation et d'ivresse, tache ineffaçable qui reste malheureusement imprimée à sa mémoire.

D'une nature plus calme et moins passionnée, d'Orbanne était fait pour les paisibles travaux du cabinet, plutôt que pour le tumulte et l'agitation de la vie politique ; aussi, après avoir paru dans les assemblées de Vizille et de Romans, il refusa d'aller siéger comme député du Tiers aux États-Généraux. Un début malheureux, attribué à son extrême timidité, le fit renoncer à la plaidoirie, mais son profond savoir, son intelligence lucide, la justesse de son coup d'œil, son désintéressement lui valurent bientôt une nombreuse clientèle. Ses consultations et ses mémoires, dont plusieurs méritent d'être conservés, lui ont marqué une place honorable au barreau parmi nos meilleurs jurisconsultes. Sa vie est de celles qui, sans jeter autour d'elles un vif éclat, ne sont ternies par aucun nuage. Sans sortir de sa modeste profession, dont il remplissait avec exactitude tous les devoirs, il se fit aimer de tous ceux qui l'ont connu. Et comme on l'a dit très-bien, « celui qui « tâche de prévenir les contestations ou de les terminer « dès leur naissance, qui refuse constamment de seconder « l'injustice et la mauvaise foi, peut se rendre le témoi- « gnage d'avoir été l'un des hommes les plus utiles à son « pays (1). » Peut-être, en écrivant ces mots, Mounier pen-

(1) Mounier. — *Recherches sur les causes qui ont empêché les Français de devenir libres.*

sait-il à celui dont il s'honorait de posséder l'amitié et l'estime.

Plus modéré que son ami Barnave, Mounier, avec une âme aussi droite, des intentions aussi pures, mais avec un esprit plus judicieux, ne devait pas tomber dans les mêmes fautes ni se laisser entraîner dans les mêmes illusions. Il n'était pourtant pas destiné, comme d'Orbanne, à consacrer sa vie aux obscurs mais utiles travaux du cabinet. Après s'être occupé pendant quelques années de régler les questions d'intérêt privé, il ne tarda pas à être appelé par ses concitoyens à discuter les questions d'intérêt public dont il avait fait l'objet de ses plus chères études pendant ses moments de loisir.

Lorsqu'un grand homme vient de disparaître, Messieurs, ses contemporains s'empressent de venir déposer sur sa tombe le tribut de leurs louanges et de leurs regrets. Puis, lorsque les années ont passé sur cette tombe, la postérité, qui vit pour le présent et pour l'avenir bien plus que pour le passé, commence à oublier. Le nom de Mounier est trop célèbre dans l'histoire pour être exposé à un pareil danger; et, du reste, vous seriez là pour l'en préserver. — En rendant ce modeste hommage à un homme que nous vénérons tous, je n'ose me flatter que d'une chose : c'est de raviver parmi vous un souvenir qui ne passera pas. C'est pour moi un grand honneur, et je suis fier de le devoir à vos suffrages.

On dit que les hommes destinés à percer dans le monde s'annoncent de bonne heure, et que dès leur enfance on aperçoit en eux le germe des qualités qui s'y développeront plus tard. Il est vrai que quelquefois ce développement se fait attendre longtemps. C'est ce qui arriva au jeune Mounier. Il ne fut pas de ces petits prodiges de mauvais augure qui, comme les fruits trop précoces, finissent presque toujours par avorter. M. Mounier, négociant honorable, n'avait qu'une très-modeste fortune pour élever une nombreuse famille. Son fils Joseph, après avoir passé quelque temps auprès de son oncle maternel, M. l'abbé Priez, curé de Rives, qui lui apprit l'orthographe et un peu de latin, entra au collége *Royal-Dauphin* de Grenoble. Son esprit sérieux et réfléchi, son goût pour la lecture, son peu d'ardeur pour le jeu, ne contribuèrent pas à le rendre populaire parmi ses condisciples. Les écoliers, qui savent s'observer entre eux et qui saisissent bien vite les penchants et les petits ridicules de leurs camarades, se donnent souvent des surnoms caractéristiques. On donnait à Mounier celui de *Caton.* Cependant, durant les trois premières années de son séjour au collége, ses succès ne le font pas remarquer ; ce n'est qu'en rhétorique qu'il commence à prendre son essor.

Un jour, son professeur de philosophie, en visitant ses cahiers, aperçoit au haut d'une page, écrits en gros caractères, ces deux mots : *Nugæ sublimes* (1). Cet acte de mépris et de rébellion contre les formes surannées et les subtilités ridicules de la scolastique fut sévèrement réprimandé. Le jeune élève, qui déjà ne renonçait pas facilement à ses convictions, les défendit avec une vigueur et une indépendance d'esprit qui déplurent singulièrement à son maître. La discussion fut tellement vive, que le lendemain Mounier était obligé de quitter le collége. Ce petit incident, qui d'ailleurs n'eut pas de suites, ne l'empêcha pas d'y

(1) Sublimes bagatelles.

rentrer l'année suivante (en 1775) pour terminer ses études de physique. — Après le collége qui n'est qu'un apprentissage de la vie, arrive l'époque critique, quelquefois difficile, où il s'agit de creuser soi-même son sillon et de choisir une carrière. Ce moment était venu pour Mounier. Son père, espérant trouver en lui un aide et un successeur, essaya vainement de lui donner du goût pour le commerce. Le jeune homme s'y appliqua quelques mois par esprit de soumission, mais il se sentait appelé ailleurs ; heureusement, il trouva tout près de lui un appui et un protecteur. Un médecin distingué de Grenoble, le docteur Gagnon, l'avait pris en amitié. Il mettait à sa disposition tous les livres qui pouvaient lui être utiles ; il le dirigeait dans ses lectures ; il l'aidait par de sages conseils. Le jeune Mounier eut bientôt accordé toute sa confiance à cet ami dévoué ; il se révéla à lui tout entier avec son goût pour l'étude, son jugement droit, son esprit juste et toutes les qualités qui brillèrent en lui plus tard. Le docteur parvint, non sans peine, à vaincre l'obstination paternelle. M. Mounier permit à regret que son fils quittât le commerce pour suivre la carrière du barreau. C'était une victoire remportée par le jeune Mounier avec le secours de l'amitié. Rien désormais ne devait plus contrarier sa vocation ; ses désirs étaient satisfaits, son avenir assuré...

L'étude du droit était loin d'être alors ce qu'elle est aujourd'hui. On n'avait pas le bonheur de posséder le Code Napoléon, qui, malgré ses imperfections et les critiques dont il a été l'objet, n'en reste pas moins une des œuvres les plus grandes et les plus utiles de notre siècle. Nos pères ne jouissaient pas de cette unité de législation qui est peut-être la meilleure conquête de 89. Rien de plus disparate, de plus embrouillé, de plus confus que ce dédale de lois, d'ordonnances, de coutumes, qui régissaient la France. — Quand les abords de la science sont si difficiles, il faut du courage et du zèle à qui veut l'acquérir. Ce courage et ce zèle persévérants ne firent pas défaut au jeune étudiant.

Le Dauphiné possédait deux universités où l'on étudiait le droit : celle de Valence et celle d'Orange. L'université d'Orange, surtout, était peu fréquentée ; elle n'avait pu résister à une arme qui partout ailleurs n'est pas invincible, mais qui en France est toujours mortelle : le ridicule. Voyant que les docteurs qui prenaient leurs grades à Orange n'étaient pas très-forts en droit, quelqu'un imagina un jour de les appeler : *Docteurs à la fleur d'Orange.* Le mot, justifié d'ailleurs par des faits, fut répété ; il eut du succès, et depuis lors l'école ne s'en releva pas. Beaucoup de jeunes gens (c'étaient même ordinairement les plus laborieux) aimaient mieux ne pas aller chercher loin de leurs familles l'enseignement quelque peu indigeste des professeurs d'Orange ou de Valence, et faisaient leurs études de droit chez des avocats instruits, dont la bibliothèque et les conseils leur servaient de guide. Mounier prit ce dernier parti.

Dans le cabinet de M. Anglès, avocat distingué, qui devint plus tard conseiller au Parlement, comme dans celui de M. Mallein (1), qui le prit ensuite pour secrétaire, nous voyons le jeune étudiant toujours animé du même zèle, ne se livrant au plaisir qu'avec une extrême modération, me-

(1) M. Mallein fut depuis procureur général à la Cour de justice criminelle.

nant une vie laborieuse qui contrastait avec la vie dissipée
et oisive de quelques jeunes gens de son âge.

Il adopta comme manuel de droit l'Institutaire de Bou-
taric, et se fit initier, dans quelques entretiens avec ses
amis, aux premiers éléments de la procédure. M. Mallein lui
confiait souvent ses notes, lui faisait dépouiller ses dossiers
et lui donnait à rédiger des mémoires qui lui permirent
d'apprécier l'intelligence et le mérite de son secrétaire.

Mounier ne se contentait pas d'un travail qui aurait suffi
à remplir bien des vies moins occupées que la sienne. Il
comprenait que pour ceux qui se destinent au barreau il
est de la plus haute importance de s'exercer dans l'art si
difficile de la parole. L'institution de nos conférences de
stage n'est pas une fondation toute moderne. Mounier en
sentit le besoin, il en conçut le plan et parvint à organiser
avec quelques amis une sorte d'académie. On se réunissait
à des jours réglés ; on traitait, dans ces séances, non-seulement des questions de droit, mais aussi de littérature, de
philosophie et même de politique. C'était un programme
un peu vaste peut-être ; mais ce fut une idée féconde qui a
porté ses fruits, car c'est dans ces conférences de stage où
nous nous bornons aujourd'hui et avec raison à discuter
des questions de droit, c'est aussi dans les conférences litté-
raires, si bien composées à Paris (1), que se forment les
hommes les plus distingués de notre génération ; c'est là
que Mounier fit ses premières armes ; c'est là que son goût
pour le droit public et la liberté se développa en attendant
qu'il fût appelé à jouer un des premiers rôles sur le théâtre
plus imposant des assemblées publiques.

_____

(1) *Conférences Molé, Labruyère.*

A vingt-un ans, Mounier faisait son entrée au barreau ;
à vingt-cinq ans, il exerçait les fonctions de juge royal à
Grenoble. Cette charge était un des derniers vestiges de la
féodalité. En effet, l'exercice de la justice à Grenoble était
divisé entre le Roi et l'Evêque qui portait encore, comme
au temps de saint Hugues, le titre de Prince de Grenoble.
Le juge royal et le juge épiscopal se partageaient la juridic-
tion civile et criminelle. L'un siégeait pendant les années
paires, l'autre pendant les années impaires. Le jeune magistrat fit apprécier comme juge sa maturité précoce, son
discernement, sa fermeté ; puis il reparaissait au barreau
toutes les fois qu'il ne siégeait pas.

On a dit avec raison que ce sont les évènements qui font
les hommes. Ce principe, qui comme tant d'autres ne doit
pas être pris d'une manière absolue, a du vrai. Un incident
heureux, un de ces bons et beaux procès, après lesquels
(pourquoi ne pas l'avouer ?) nous nous prenons à soupirer
de temps en temps, ont créé plus d'une réputation et pro-
curé la célébrité à des hommes destinés peut-être sans cela
à vivre et à mourir obscurs. Mounier était considéré et
estimé au barreau, mais il n'eut pas l'occasion de s'illus-
trer. Du reste, la faiblesse de son organe était un obstacle
et l'obligea même, pendant quelque temps, à s'abstenir de
plaider. Mais avec quel soin, avec quel zèle scrupuleux il
s'occupait des plus minces affaires qui lui étaient confiées.
Il préparait un procès de mur mitoyen avec la même atten-
tion qu'il apportait plus tard, au sein de l'Assemblée constituante, aux questions qui touchaient aux plus graves intérêts
du pays. Ce sentiment du devoir, si nécessaire dans la belle
profession d'avocat, il le possédait au plus haut degré. Un
grand orateur disait dernièrement : « Nous sommes dans un

« siècle où on loue trop et où l'on n'admire pas assez. »
C'est vrai, Messieurs. Je ne sais si, en louant les talents de
l'homme politique, on n'oublie pas trop souvent d'admirer
les vertus plus humbles, les qualités plus modestes de
l'avocat et du magistrat, et je me demande si Mounier n'est
pas pour nous aussi admirable dans son cabinet, étudiant
quelque cause ingrate avec un dévouement incomparable,
consacrant à ses clients son temps, ses veilles, ses travaux,
ou bien rendant la justice et faisant respecter les lois, que
lorsqu'il dicte des résolutions à l'assemblée de Vizille, ou
que, président de la Constituante, il se montre calme et
ferme au milieu de la tempête révolutionnaire. — Il ne
faut pas croire cependant que Mounier n'eût en partage que
des causes ingrates. Un jour, il lui arriva d'avoir à étudier
un procès important qui soulevait une question intéressante
de droit public. Il fit à cette occasion pour son client un
mémoire de deux cents pages, et, afin de suivre l'affaire,
il fut obligé d'aller à Turin, devant le sénat du Piémont
qui en avait été saisi. Il gagna son procès, et comme cela
arrive quelquefois, on l'apprécia plus à Turin que dans
son propre pays.

Ici se termine la carrière du jeune jurisconsulte. Aux
luttes pacifiques du palais, vont succéder pour lui les luttes
orageuses de la politique.

Mounier n'a que trente ans; mais il a la maturité et l'expérience que donne l'étude.

Les années les plus heureuses de sa vie venaient de s'é-
couler. Auprès d'une femme tendrement aimée (1), qui

(1) Mlle Borel.

l'avait rendu père de deux enfants, il goûtait en paix
les charmes du foyer, les joies si pures de la famille et
les douceurs de l'amitié. Esprit cultivé, il ne négligeait pas
les lettres, mais il lisait de préférence les ouvrages de philosophie, de droit public ou d'économie politique ; il aimait
aussi la musique, il la comprenait et il ne se contentait pas
d'en jouir pour lui-même, il en faisait jouir les autres ; car
il avait acquis un talent agréable sur la basse. C'est dans
ces plaisirs élevés, dans ces jouissances intellectuelles et
artistiques qu'il se reposait de ses austères occupations, et
c'est au sein de cette vie tranquille, c'est à ces paisibles
labeurs que la faveur populaire, qu'il ne recherchait ni
n'ambitionnait, vint l'arracher un jour pour lui confier
une mission importante dans les assemblées de la province.

Les symptômes avant-coureurs de la Révolution avaient
commencé à se montrer. L'état des esprits, les écrits des
philosophes, expression de la société au temps des petits
soupers de la régence, les désordres et les scandales du
triste règne de Louis XV, la dilapidation des finances : tout
tendait à préparer et à annoncer une crise prochaine ;
Paris avait la fièvre ; le vent de la liberté, plus violent
encore depuis la guerre d'Amérique, soufflait jusque dans
les provinces. « Une grande révolution est prête, dit Mon-
« sieur (Louis XVIII) à la municipalité de Paris, en 1789 ;
« le roi, par ses intentions, ses vertus et son rang suprême,
« doit en être le chef. » La crise, en effet, était inévitable ;
l'étouffer était impossible. Il s'agissait de la modérer, de la
contenir et de la diriger : tel était le programme de tous
les esprits sages et éclairés ; tel fut celui de Mounier. Il
avait vécu dans cette atmosphère de liberté, sans se laisser

enivrer. « Mounier était, dit Mme de Staël, le chef de l'insur-
« rection calme et réfléchie du Dauphiné. C'était un homme
« passionnément raisonnable, constant et ferme dans sa
« route, tant qu'il lui fut possible d'en choisir une. » Ses
opinions s'étaient formées par la lecture de plusieurs ouvrages de droit public, par celle des journaux, où il avait
suivi avec le plus vif intérêt les différentes phases de la
révolution d'Amérique, à laquelle la France prit une si
imprudente part. Ses relations avec un Anglais, M. Byng,
qui devint plus tard membre du parlement et qui fit un
assez long séjour dans la vallée du Graisivaudan, complé-
tèrent ses études sur les lois et la constitution anglaises,
qu'il avait appris à connaître en lisant les traités de Delolme
et de Blakstone. Les idées anglaises, qui n'avaient pénétré
encore qu'à Paris et dans les châteaux de quelques grands
seigneurs anglomanes, trouvèrent dans Mounier un zélé
partisan. Il voyait dans le gouvernement anglais la réalisa-
tion de ses rêves pour la France. Ainsi il était l'homme de
sa province le plus versé dans l'étude d'une science toute
nouvelle alors : celle du droit constitutionnel. Il devait donc
se trouver naturellement à la tête des assemblées représen-
tatives.

Il n'y avait qu'un cri en Dauphiné pour demander la convocation des Etats de la province qui ne s'étaient pas réunis
depuis 1628. Louis XVI, roi libéral par excellence, qui
comprenait les besoins de son temps, mais qui manqua
d'initiative pour agir et de fermeté pour résister, répondit
à ce vœu. Par un édit du mois de juillet 1787, il créa une
assemblée provinciale en Dauphiné, et, par un règlement
postérieur du 4 septembre de la même année, il l'organisa
définitivement, en nommant vingt-huit membres, dont neuf

pris dans la noblesse, quatorze dans le tiers-état et cinq dans le clergé, que présidait M. Lefranc de Pompignan, archevêque de Vienne. Ces vingt-huit membres étaient chargés d'en élire vingt-huit autres ; mais les membres du Tiers devaient continuer à être en nombre égal à celui des deux autres ordres réunis.

L'édit avait été soumis, selon l'usage , à l'enregistrement du Parlement ; mais le règlement qui devait en faire partie fut publié et affiché sans que cette formalité eût été remplie. Cette omission du gouvernement était une faute ; et, comme Hume le disait de Charles Ier, Louis XVI était dans une situation où les moindres fautes étaient irréparables. Depuis l'époque surtout où le Parlement de Paris avait cassé le testament de Louis XIV et confié la régence au duc d'Orléans, ces grandes compagnies se considéraient « comme les lieutenants des États-Généraux en vacance. » Le Parlement de Dauphiné tenait plus qu'aucun autre à ses vieux priviléges ; il était bien résolu à les défendre jusqu'au bout ; il rendit deux arrêts (6 octobre 1787, — 24 janvier 1788), dont un *chambres réunies*, par lesquels il sursit à l'exécution du règlement jusqu'à ce qu'il plût au roi de le lui envoyer pour être enregistré. La lutte était désormais engagée entre le Parlement et la Monarchie. Le roi cassa ses arrêts et deux de ses membres furent frappés par un de ces moyens violents et arbitraires que l'ancien régime avait à sa disposition, et qui servit de prétexte à bien des accusations, et par là même à bien des calomnies contre la royauté. Le chevalier de Meyrieux et le président d'Ornacieux reçurent des lettres de cachet.

Le Parlement adressa au roi de très-humbles remontrances, par lesquelles il demandait , dans un langage ferme et digne, l'abolition des lettres de cachet. Il résistait avec d'autant plus de force, qu'il se sentait appuyé par les trois ordres de la province qui, par leur accord et leur harmonie d'intérêts, de sentiments et de principes, donnèrent à la France un exemple très-beau, mais malheureusement trop peu suivi.

Le gouvernement, après avoir commis une première faute, allait en commettre une seconde. Le bruit que le ministère préparait un coup d'état circulait partout. Désespérant de vaincre les résistances de la magistrature, Loménie de Brienne, ministre léger et ambitieux, institua les *cours plénières*, investies de l'autorité politique des Parlements. Ceux-ci ne conservaient plus qu'un pouvoir judiciaire. Cette mesure, fondée sur un principe bon en lui-même, celui de la séparation des pouvoirs, mais mauvaise et intempestive dans son exécution, fut la première cause des troubles. Le Parlement protesta énergiquement et déclara traître au roi et à la nation quiconque siégerait dans la nouvelle Cour. Le gouvernement crut intimider les magistrats en déployant l'appareil de la force armée ; mais, depuis les Achille de Harlay, les Séguier, les Molé, le courage civil était héréditaire dans notre vieille magistrature : trouvant les portes du palais fermées et gardées par un détachement de troupes, les conseillers se réunirent chez leur premier président et dressèrent procès-verbal de cette violence faite à la justice. Alors parut une brochure destinée à faire sensation, non-seulement en Dauphiné, mais dans la France entière. Elle avait pour titre : *Esprit des édits enregistrés militairement à Grenoble le 20 mai 1788.* On ne tarda pas à en connaître l'auteur. C'était un jeune avocat qui s'était déjà distingué au barreau de Grenoble : il s'appelait Barnave. On apprit ensuite qu'un de ses compatriotes et amis n'était pas étranger à la publication de cet écrit, et l'avait aidé de ses lumières. Cet ami, dont le nom était déjà connu et respecté, était le juge royal Mounier.

L'exil du Parlement acheva de mécontenter le peuple. Après l'insurrection des esprits, éclata l'émeute dans la rue. La fameuse journée des Tuiles (8 juin 1788) fut le premier coup de cloche de la révolution. Cependant, malgré cette sédition en leur faveur, les magistrats étant avant tout hommes d'ordre et amis du devoir, profitèrent de la nuit pour se retirer dans leurs terres. Le 14 juin, on convoqua une assemblée des notables ; tous s'accordaient à demander le rappel du Parlement et la convocation des états provinciaux ; mais il s'agissait de formuler ces demandes dans une adresse au roi. Tous les regards se tournèrent vers Mounier (1). L'assemblée demandait au roi, dans cette adresse, le retrait des édits, le rappel du Parlement et la convocation des états provinciaux avec réunion des trois ordres, double représentation du Tiers et vote par tête. La noblesse, qui ne restait pas en arrière du mouvement général, se réunit peu de jours après. Il fallait rédiger un mémoire. On eut encore recours à Mounier, investi désormais de la confiance publique. Trois gentilshommes, le comte de Virieu, le comte de La Blache et le marquis de Viennois portèrent le mémoire à Versailles. M. de Brienne, après avoir refusé d'abord de les reconnaître comme députés de leur ordre, leur fit de vagues promesses et envoya en même temps à Grenoble des troupes commandées par le maréchal de Vaux,

(1) On lui adjoignit MM. Duchesne et d'Orbanne.

2

avec mission de s'opposer à toute réunion illégale sans convocation du gouvernement.

Cependant, le maréchal crut devoir renoncer à exécuter les ordres qu'il avait reçus de la cour. Il ne pouvait se résoudre à tirer l'épée contre des citoyens délibérant paisiblement sur leurs intérêts et les priviléges de leur province ; mais il s'opposa à ce qu'on se réunît à Grenoble. On se donna donc rendez-vous à Vizille le 21 juillet 1788. Le vieux château de Lesdiguières appartenait à une famille qui jouissait déjà d'une grande et juste considération dans notre pays. M. Perier offrit aux six cents députés de la province une large hospitalité. « La salle du Jeu de Paume, où se tint l'assemblée, écrivait un contemporain, présentait un aspect imposant. »

La présidence fut confiée au comte de Morges ; Mounier fut nommé secrétaire.

Le voisinage de Grenoble avait attiré un grand nombre d'habitants de la ville. Le tiers-état se composait de plus de trois cents membres, et, s'ils avaient tous voté, ils auraient eu une immense majorité sur le clergé, qui n'en comptait que soixante, et sur la noblesse, qui en comptait cent cinquante. Alors on décida, sur la proposition de M. d'Orbanne, que les voix des citoyens de Grenoble ne compteraient que pour dix.

Parmi les trois projets de remontrances au roi présentés à l'assemblée, un seul est adopté à l'unanimité : c'est celui de Mounier. Plusieurs principes importants de droit public y sont proclamés; entre autres : le privilége de s'assembler pour délibérer sur les affaires publiques ; le droit pour les Etats-Généraux d'accorder les subsides et de consentir l'exécution des nouvelles lois; l'abolition des lettres de cachet,

comme atteinte portée à la libertée individuelle et à la sûreté
des citoyens ; enfin , les trois ordres protestent contre les
nouveaux édits , demandent le rappel du Parlement et la
convocation des Etats-Généraux. Une séance suffit à toutes
ces délibérations, qui furent votées à l'unanimité par les
trois ordres. On s'était réuni le 21 juillet , à neuf heures du
matin ; on se retira vers minuit. Aucun bruit, aucun tumulte ne troubla les opérations de cette assemblée de Vizille,
qui restera comme une des pages les plus mémorables de
notre histoire. Le Dauphiné venait d'offrir à la France un
magnifique spectacle : celui de la modération, du désintéressement et de la concorde dans l'amour de la justice et de
la liberté.

En présence de ce triomphe d'un vrai patriotisme , le
ministère , toujours faible et hésitant , ne céda qu'à demi
aux vœux de la province. Les Etats-Généraux furent convo-
qués pour le 1er mai de l'année suivante. Un arrêt du conseil
décida aussi la convocation des états provinciaux à Romans.
Mais, au lieu d'adopter le plan tracé par l'assemblée de
Vizille, qui ne faisait que reproduire les anciens usages, on
y substitua une organisation nouvelle, qui n'eut pour résultat que de faire des mécontents. Les anoblis se plaignaient
d'être rejetés dans le tiers-état. On trouvait mauvais que
l'élection des curés fût confiée aux bureaux diocésains ;
que tous les évêques fussent appelés à siéger comme membres de droit, et que l'assemblée ne fût composée que de
cent quatre-vingts membres. Ces griefs furent l'objet d'une
délibération des trois ordres à l'hôtel de ville de Grenoble
(13 août 1788).

La noblesse se réunit à part, quelques jours après , sous
la présidence du comte de Morges, et déclara « qu'aux trois

« ordres de la province appartenait le droit imprescriptible
« de convoquer les Etats, d'en régler la forme et de fixer le
« nombre des représentants. » Ce dernier acte d'opposi-
tion décida le gouvernement à user de rigueur. Le gouver-
neur reçut ordre de faire arrêter Mounier et six gentilshommes des plus compromis. Le lendemain, on recevait la
nouvelle du renvoi de Brienne et du rappel de Necker au ministère. L'arrestation n'eut pas lieu et la politique changea.

Le gouvernement, devenu plus tolérant, fit aux Dauphinois une dernière concession en leur permettant de
suivre, pour les élections aux Etats, les formes usitées dans
leur province. Ce fut donc avec l'approbation royale que les
trois ordres se réunirent de nouveau, d'abord à Saint-Robert,
puis à Romans, sous la présidence de M. Lefranc de Pompignan. Là, comme à Vizille, Mounier, nommé secrétaire
par acclamation, fut l'âme de l'assemblée. Il s'agissait d'organiser définitivement les états de la province. C'est le plan
de Mounier qui fut homologué par un arrêt du conseil. Ce
même plan, adopté pour les Etats-Généraux de toute la
France, rappelait les trois grands principes déjà proclamés:
la réunion des trois ordres, la double représentation du
Tiers et le vote par tête. De plus, il était enjoint aux députés
de faire tous leurs efforts pour procurer à la France une
Constitution qui assurât la stabilité des droits du monarque
et du peuple français. Le moment était venu de procéder à
l'élection des députés. Celle de Mounier donna lieu à une
scène bien touchante. Avant qu'on passe au scrutin, un
membre de l'assemblée, le chevalier de Murinais, se lève
et propose de nommer Mounier par acclamation. Sa voix
est immédiatement couverte par d'unanimes applaudisse-
ments. Touché jusqu'aux larmes de ce témoignage de sym-

pathie, Mounier ne se laisse pas enivrer par un si beau
triomphe; il réprime son émotion et demande instamment
qu'on vote au scrutin. « Faut-il donc, dit-il, que la pre-
« mière assemblée formée par les suffrages libres du peu-
« ple, la première qui nomme des députés aux Etats-Géné-
« raux, donne l'exemple d'une violation des règles, et
« qu'elle le donne en faveur de celui à qui l'on fait hon-
« neur d'avoir rédigé une partie de ces règles? » On pro-
céda donc au scrutin; deux voix manquèrent pour qu'il y
eût unanimité ; ces deux voix étaient la sienne et celle de
son père.

Il y a, Messieurs, des hommes de mérite qui sont modestes
par convenance, ou par calcul, ou pour éviter de se donner
le ridicule de la vanité. C'était, dira-t-on peut-être, le fait
de Mounier. Non, et en voici la preuve : chargé, en sa qualité de secrétaire, de rédiger le procès-verbal de la séance,
au lieu de faire mention de cet incident, ce qui aurait été
très naturel, il n'en dit pas un mot, et plaça son nom après
celui de l'archevêque de Vienne et de trois gentilshommes
élus à la simple majorité. Et aujourd'hui la postérité igno-
rerait ces choses, si elles n'avaient été constatées dans un
mémoire publié et signé par tous les députés du Dauphiné,
pour répondre à une protestation adressée aux Etats-Généraux contre l'élection des Etats de la province.

Voilà ce qu'était Mounier ! On eût dit que son esprit modéré et sage avait présidé à toutes les assemblées dont il
avait été le régulateur. Et lorsque le roi remerciait l'archevêque de Vienne d'avoir sauvé le Dauphiné, le prélat put
répondre avec vérité : « Sire, ce n'est pas moi, c'est notre
secrétaire général. » Par la belle position que son mérite
lui avait faite, le secrétaire des Etats du Dauphiné devenait

tout d'un coup l'un des personnages les plus influents de France ; de toutes parts, on lui demandait des conseils ; chaque province voulait suivre l'exemple que la nôtre avait eu la gloire de donner. Consulté entre autres par les Etats de Béarn sur ce qu'il y avait à faire pour reconquérir leurs anciens priviléges, Mounier avait répondu : « Jusqu'à ce « jour les provinces, les ordres, les individus ne se sont « que trop isolés. Pour jouir de nos droits nationaux, nous « ne devons retenir de nos priviléges particuliers que ceux « qui ne peuvent nuire au bonheur de nos concitoyens. Ne « formons plus qu'une même famille. Béarnais, Bretons, « Dauphinois, faisons-nous gloire d'être Français. Rem- « plissons-en les devoirs et volons au secours de notre « patrie ! »

Une seconde lettre fut rédigée par Mounier au nom des négociants de Grenoble, et répandue dans toutes les villes du royaume. Elle établissait que le commerce ne devait pas avoir une représentation particulière aux Etats-Géné- raux. Le cabinet du jeune magistrat de Grenoble avait pris l'importance d'un véritable ministère. Aussi on a pu dire avec raison qu'à cette époque Mounier gouvernait le Dauphiné, et que le Dauphiné gouvernait la France.

Le jour fixé pour l'ouverture des Etats-Généraux appro- chait. Mounier s'y rendait, précédé de sa réputation et d'une brochure politique intitulée : *Nouvelles observations sur les Etats-Généraux.* Dans cet ouvrage, qui eut un grand succès et qui obtint deux éditions en peu de mois, après avoir étudié au point de vue historique et politique l'organisation des anciens Etats, depuis les rois francs jusqu'aux derniers temps de la monarchie, il insiste sur les avantages qui doivent résulter, selon lui, de la réunion des trois ordres. Une fois la constitution du pays nettement définie et tous les priviléges pécuniaires détruits, il sera nécessaire de former deux Chambres. Dans presque tous ses ouvrages, il revient à cette institution de la pairie, comme à son idée favorite.

N'étant jamais sorti de sa province, Mounier arrivait à Versailles plein d'espoir et d'illusions; comment pouvait-il en être autrement? Ses compatriotes s'étaient conduits avec tant de modération, les choses s'étaient passées en Dauphiné avec tant d'ordre, qu'il ne pouvait supposer qu'il n'en fût pas de même dans une assemblée plus nombreuse : « Tout ce qui s'est passé dans ma province « avant l'ouverture des Etats-Généraux, écrivait-il plus « tard, était bien propre à me nourrir d'illusions et à « déguiser les obstacles. Les dernières classes du peuple « attendaient dans le calme le résultat de nos travaux. « Jamais la multitude n'influa sur nos assemblées, et les « suffrages furent parfaitement libres. Le clergé et la no- « blesse se montraient généreux, les membres des com- « munes, modérés. Quand je réfléchis à ce que nous « avions obtenu en Dauphiné par la seule puissance de « la justice et de la raison, je vois comment j'ai pu croire « que les Français méritaient d'êtres libres. »

Il travaillait à cette époque à une autre brochure politique (1). Il la termine par ces mots : « Dans ma province, on

(1) *Considérations sur les gouvernements , et principalement sur celui qui convient à la France.*

« a juré de défendre la liberté publique et de maintenir
« dans toute son intégrité l'autorité royale, sans laquelle
« la liberté ne peut pas exister en France ; c'était jurer
« de combattre l'anarchie, et ce serment doit être écrit
« dans le cœur de tous les bons Français. » Ce qu'il y a
de certain, c'est qu'il était écrit dans le cœur de Mounier,
et que jamais il ne le viola ! Tels étaient ses sentiments,
telles étaient ses espérances au moment où il prenait la
route de Versailles. Mais de grandes déceptions l'attendaient
au sortir de ce pays, où il ne laissait que des amis et où il
devait trouver à son retour l'insulte, la persécution et la
haine.

A Versailles, comme à Vizille, on reconnaît toujours
« l'homme passionnément raisonnable » dont parle Mme de
Staël. Un parti modéré se forme dans le tiers-état ; c'est
Mounier qui en est le chef. Il se trouve dans l'assemblée
avec son collègue Barnave, mais ils ne suivent plus le
même courant. L'ardent député de Grenoble se jette dans
le parti représenté par Mirabeau et Sieyès, et dirigé par
les passions plutôt que par des principes fixes.

La première discussion à laquelle Mounier eut à prendre
part fut celle du 15 juin. Les deux autres ordres, après
avoir procédé séparément à la vérification des pouvoirs,
persistaient dans leur refus de se réunir au tiers-état ;
celui-ci prend la résolution de se constituer en assemblée
délibérante. Il s'agissait d'adopter un nom. Mounier proposa celui « d'Assemblée légitime des représentants de la
« majeure partie de la nation, agissant en l'absence de la
« minorité, dûment invitée. » Cette dénomination, qui
avait le mérite d'être exacte, si elle n'avait pas celui d'être
courte, fut rejetée. On adopta celle « d'Assemblée natio-

nale, » proposée par Legrand et appuyée par l'abbé Sieyès.
Cette motion, digne de l'auteur de la fameuse brochure
sur le tiers-état, semblait donner au troisième ordre,
non-seulement la prépondérance, mais l'omnipotence, aux
dépens des deux autres. C'était la première fois que Mounier voyait repousser un de ses projets; le débat avait
été très-vif, très-animé; on en était venu même à des
voies de fait peu parlementaires. L'ancien secrétaire des
Etats du Dauphiné n'était pas accoutumé à un pareil
tumulte; il commença à s'apercevoir qu'il n'était plus au
milieu de ses compatriotes.

Il y a peut-être, Messieurs, plus de mérite à reconnaître une faute qu'on a commise qu'à ne pas la commettre.
Fouler aux pieds toute considération d'amour-propre,
tout calcul d'égoïsme, de vanité personnelle, et dire loya-
lement : Je me suis trompé ! voilà ce qui révèle les âmes
généreuses et les consciences droites. Eh bien ! il arriva à
Mounier de commettre une faute. Et quel est celui qui,
ayant traversé ces temps difficiles, n'a pas eu à regretter
quelque chose dans sa vie ! Et cette faute, il lui est arrivé
aussi de l'avouer et de publier son aveu et son repentir.

Une grande effervescence régnait à Versailles. Les hé-
rauts d'armes parcouraient les rues annonçant la séance
royale fixée au 23 juin, sur le conseil de M. Necker.
Sous prétexte de faire des préparatifs dans la salle des
Etats, on en avait fait fermer la porte, et les séances étaient
suspendues.

Le bruit courait que les courtisans avaient obtenu la dissolution des Etats-Généraux. C'est au milieu de cette agitation que Bailly propose aux députés du Tiers de se réunir dans la salle du Jeu de Paume. Mounier croit la liberté en danger; et, autant pour apaiser l'irritation des esprits que pour assurer le maintien des priviléges de son ordre, il prononce la formule de ce serment connu sous le nom de *Serment du Jeu de Paume* (1). Les députés s'engagent « à ne point se séparer et à se rassembler partout où « les circonstances l'exigeront, jusqu'à ce que la Consti- « tution du royaume soit établie et affermie sur des fon- « dements solides. » Et c'est après avoir assisté aux tristes conséquences de cet acte insurrectionnel qu'il s'est écrié : « Ce fatal serment était un attentat contre les droits du « monarque !.... Combien je me reproche aujourd'hui de « l'avoir proposé !.... Mais quelle intrépide fermeté que « celle de M. Martin d'Auch, qui, seul dans cette foule « passionnée, osa parler de la fidélité qu'il devait à son « prince, brava les injures et les menaces, et demanda « qu'il lui fût permis de protester ! » Après avoir reconnu et blâmé ses erreurs, décerner à un autre la louange qu'on se refuse à soi-même, voilà ce qui s'appelle de la loyauté et ce qui honorera à jamais le nom de Mounier.

La séance royale du 23 juin, dans laquelle on put appré- cier la bonté paternelle du roi et la pureté de ses inten- tions, fut interprétée par le tiers-état comme un acte de défiance et d'hostilité à l'égard de l'assemblée. Et lorsque,

---

(1) 20 juin.

après la séance, le grand-maître des cérémonies vint rendre compte au château de la réception que lui avaient faite les députés des communes et de la célèbre réponse de leur fougueux tribun, Louis XVI avait dit, comme un homme harcelé d'affaires importunes : « Puisqu'ils ne veulent « pas quitter la salle, qu'on les y laisse. » Mounier commença à pressentir la portée du serment du Jeu de Paume.

Plusieurs députés de la noblesse désiraient la réunion des trois ordres, et plusieurs députés du tiers-état, en tête desquels il faut citer Mounier, travaillaient dans ce but. Un ordre émané du roi, à la suite de son entretien avec le duc de Luxembourg, président de la noblesse, coupa court aux hésitations. Et comme, en France, on ne perd jamais l'occasion de faire un bon mot, on s'empressa de dire que les Etats n'en continueraient pas moins à délibérer *par ordre*.

Un immense cri de joie avait salué cet évènement. Dans ces temps de trouble, la joie éclate avec la même violence que la colère et la menace. Versailles était illuminé : on s'abordait avec cette parole : « La Révolution est finie ! » Mais ce n'était qu'un rayon de soleil entre deux orages, et le second devait être mille fois plus terrible que le premier.

Nous sommes, Messieurs, en pleine Assemblée constituante. Les évènements ne se comptent plus par années, mais par jour et par heure. Que de questions soulevées et résolues en trois mois ! Mais aussi, à côté de tant d'erreurs, de tant d'inutiles et dangereuses discussions, que d'utiles réformes opérées, que de sages décisions prises ! Ce sont

ces fameux principes de 89 qui nous régissent aujourd'hui
encore, et qui sont rappelés dans le premier article de notre
Constitution..... N'est-ce pas en vertu de ces principes que
nous avons une chambre législative, et que, dernièrement
encore, un de nos plus grands orateurs politiques
consacrait son éloquente parole à la défense d'une sainte
cause?...... Eh bien! Messieurs, Mounier a travaillé à
cette grande œuvre et je ne puis taire ici la part qu'il y a
prise.

Il avait juré de préparer une Constitution à son pays, il
ne voulait pas faillir à sa tâche... Il savait même au besoin
rappeler à ses collègues, surpris et enivrés de leur pouvoir,
qu'ils ne devaient pas se laisser distraire par les bruits du
dehors. Aussi, lorsque, dans la journée du 1er juillet, vingt
bandits du Palais-Royal viennent, au nom de la nation, demander à l'Assemblée d'approuver l'insubordination des
gardes-françaises (ce qu'on appelait alors du patriotisme),
Mounier l'empêche d'intervenir dans une question de disci-
pline militaire, et n'hésite pas à dire que ce serait empiéter
sur le pouvoir royal.

On nomma un comité de Constitution composé de huit
membres, parmi lesquels figuraient les noms de Mounier et
de son éloquent ami, le comte de Lally-Tollendal.

Comme le remarque un écrivain célèbre, lorsque, pour
éclairer les Français, il eût fallu leur donner des lois justes
et pourvoir à d'urgentes nécessités, les députés pronon-
çaient de grands discours, où ils disaient que chaque homme
tient de la nature le droit d'être heureux, et autres vérités
philosophiques faites pour être discutées dans les livres et
non au milieu des assemblées. Lafayette, « qui n'a jamais
su distinguer nettement la monarchie de la république, ni

les Français des Américains (1), » propose une déclaration
des Droits de l'Homme pleine d'idées vagues et abstraites,
fort en crédit alors....... Mounier, homme positif, comprenait que ce n'est pas avec des abstractions qu'on gouverne
un peuple, et que la France devait chercher ses modèles
ailleurs qu'en Amérique. Mais il ne put faire prévaloir en-
tièrement ses idées dans le comité. Il fut chargé cependant
de lire un rapport sur le plan de Constitution présenté à
l'assemblée.

« Partant de ce principe qu'il ne faut ni abandonner ni
« exagérer ses droits, nous n'oublierons pas, dit-il, que
« nous devons un respect et une fidélité inviolables à l'au-
« torité royale, et que nous nous sommes chargés de
« la maintenir, en opposant des obstacles invincibles au
« pouvoir arbitraire. » — Ces idées sages montrent qu'il
sentait le besoin de rappeler à l'assemblée ses devoirs,
qu'elle était trop portée à oublier pour ne songer qu'à ses
droits. Le plan tracé par le comité se ressent pourtant de
l'influence du moment. Mais Mounier obtient que cette
célèbre déclaration des Droits ne sera pas promulguée séparément, mais fera corps avec la Constitution.

Cependant, les évènements du dehors vont interrompre
ces travaux. Le roi, cédant aux conseils de son entourage,
venait de faire deux choses qui allaient rallumer l'incendie.

Il avait fait venir à Versailles et à Paris des troupes considérables, sur pied de guerre, pour contenir les agitateurs.
Cet appareil militaire ne fit que les exciter. Un second acte

---

(1) Mme de Staël. — *Considérations sur la révolution.*

acheva d'irriter tout le monde : ce fut le renvoi de M. Necker, qui avait alors la faveur du peuple, et de MM. de Montmorin, de Saint-Priest et de la Luzerne. Ils venaient d'être remplacés par le baron de Breteuil, très-impopulaire, le maréchal de Broglie, MM. de la Galaizière et Foulon.

L'Assemblée ne pouvait rester étrangère à des faits aussi graves. Elle prend l'initiative pour demander au roi le renvoi des troupes et le rappel des ministres. Une adresse, chef-d'œuvre d'habileté et d'éloquence, est rédigée par Mirabeau, et portée au roi par vingt-quatre députés. Ils reviennent annoncer à leurs collègues que le roi considère la présence des troupes comme nécessaire pour protéger leurs délibérations. Cette réponse est fort mal accueillie.

Parmi les orateurs qui parlent sur le renvoi des ministres, on remarque Mounier et Lally.

Mounier obtient le premier la parole. Il accuse les ennemis du bien public de s'être ligués pour protéger les abus, et d'avoir éloigné du roi ceux qu'ils ne pouvaient espérer d'associer à leurs projets. Tout en reconnaissant au roi le droit de changer ses ministres, il invite l'Assemblée à solliciter le rappel de ceux qui ont mérité la confiance publique. Louis XVI, toujours trop facile à vaincre quand on lui parlait du bonheur de son peuple, ne tarda pas à fléchir. Les troupes furent renvoyées, et M. Necker reparut au ministère.

Eclairer le trône, détruire les abus, donner à la France une Constitution, telle est jusqu'à présent la grande préoccupation de Mounier. Royaliste sincère, mais aussi ami zélé de la liberté, il a pensé au peuple qu'on opprimait; il n'a pas songé encore au trône qu'on renversait. L'affreuse journée du 14 juillet, le sang versé à la Bastille, les assassinats consommés au nom de cette liberté qui est devenue synonyme de licence, changent l'ordre de ses idées. Il commence à tourner les yeux du côté de la royauté, à s'alarmer pour elle des violences populaires, et il dit à un de ses compatriotes, le comte de Virieu, cette parole digne d'être citée : « Nous pensions qu'il était nécessaire d'avoir la « massue d'Hercule pour écraser les abus, et il nous fau- « drait les épaules d'Atlas pour soutenir la monarchie. » Le but, en effet, était dépassé, et cette massue d'Hercule, en écrasant les abus, allait renverser du même coup le trône, l'autel, les principes les plus sacrés de la justice, de la morale, c'est-à-dire, remplacer la liberté par l'anarchie ; et, du sein de cette anarchie, on allait voir surgir le plus despotique de tous les régimes, celui de la Convention nationale, si bien qualifié de régime de la Terreur, et si tristement personnifié dans la hideuse figure de Robespierre. Voilà ce que Mounier, avec son coup d'œil exercé, commençait à prévoir ; mais il espérait encore pouvoir sauver l'autorité royale, et, n'oubliant pas les devoirs de son ancienne profession, il se consacra à la défense du faible et de l'opprimé : il se fit l'avocat de la royauté.

Le 17 juillet, Mounier ne fut pas au nombre des députés qui accompagnèrent Louis XVI à Paris, et ne fut pas témoin des bruyantes acclamations et des manifestations insolentes auxquelles il s'exposa pour satisfaire les caprices d'une foule en délire. Mais ayant entendu dire qu'on ne laisserait pas revenir le roi à Versailles, il était très-inquiet. Apercevant le duc d'Orléans à la porte de l'Assemblée, il l'aborde, lui fait part de ses alarmes et lui dit que si le roi ne revenait pas le soir même à Versailles, il devait, comme citoyen, comme prince du sang, et pour faire taire les bruits répandus contre lui, se mettre à la tête des députés les plus dévoués au trône, et demander avec eux la liberté du souverain. « Je ne crois pas, lui répond le prince, cette crainte « fondée ; on pourrait bien lui faire signer quelque chose, « mais on ne le gardera pas ; et si on le gardait, cela serait « fort embarrassant ; car, si je faisais ce que vous dites, le « peuple croirait que je le trahis. — Eh quoi ! Monsei- « gneur, vous pourriez hésiter, et pour plaire au peuple.... « — Eh bien !.... oui...., nous irons réclamer le roi. »

Belle et courageuse leçon de fidélité donnée par Mounier au duc d'Orléans ! En présence de cet énergique appel au devoir, le futur régicide avait eu honte de sa défection.

Tous les efforts de Mounier tendent maintenant vers un seul but : rétablir l'ordre et le respect des lois et de l'autorité.

Aussi, lorsqu'on eut appris que les émeutiers de Paris avaient partout des imitateurs, et que l'anarchie se répandait dans les provinces, Lally-Tollendal, organe des gens de bien, proposa à l'Assemblée d'adresser aux Français une proclamation pour leur rappeler la soumission aux lois, la fidélité au prince et la confiance dans leurs représentants. Mounier appuya énergiquement cette motion, qui fut rejetée. Le 21 juillet, il parle contre la détention arbitraire du baron de Bezenval. Le lendemain de la célèbre nuit du 4 août, lorsque (pour parler le langage emphatique de l'époque) la noblesse eut sacrifié ses priviléges sur l'autel de la patrie, Mounier, tout en partageant l'enthousiasme général pour ce noble mais imprudent élan de générosité, ne se laisse pas aveugler comme tant d'autres. Il jette avec inquiétude un regard vers l'avenir : il voit un des droits les plus sacrés, celui de la propriété, menacé ; et il a le courage d'exprimer

ses craintes à l'Assemblée. Au milieu de tous ces événe-
ments, de ce soulèvement et de ce conflit d'intérêts et de
passions politiques, comment pouvait-on délibérer avec
calme ? Et cependant, si jamais il fut nécessaire de se mettre
au-dessus de toute haine personnelle, de toute mesquine
rancune de parti, c'est bien alors qu'il s'agissait de statuer
sur les destinées de la France. Seul, Mounier conserve son
sang-froid. Il vient de publier le système de législation
qu'il désire faire adopter, dans ses *Considérations sur le
gouvernement.* Cette brochure, qui est un de ses meilleurs
ouvrages, irrite profondément. Les membres du club bre-
ton lui font l'honneur de le traiter d'aristocrate et de le
mettre en tête d'une liste de suspects. Un journaliste s'étant
avisé d'en faire l'éloge, des patriotes du Palais-Royal viennent, le pistolet à la main, lui demander une rétractation.
Mounier ne s'effraie pas de ces vaines menaces, car il a le
courage de ses convictions, et tant qu'il lui restera une
lueur d'espoir, il les défendra. Le 31 août, il monte à la
tribune après Lally-Tollendal, qui vient de lire un rapport
au nom du comité de Constitution. Il parle avec une sagacité
remarquable sur les avantages de la sanction royale et achève
de sacrifier un dernier reste de popularité à une cause qui
n'a pas cessé d'être la sienne. Il soutient énergiquement la
nécessité du *veto absolu,* et il emploie toutes les ressources
de son talent dans une lutte où il n'a pas eu la victoire,
mais où il a eu, ce qui est souvent préférable, tous les honneurs d'une glorieuse défaite.

Dans un discours clair, précis, bien raisonné, il montre
à l'Assemblée qu'il faut un frein à toute autorité pour l'empêcher de devenir tyrannique. Aux empiètements du pouvoir royal, on oppose la permanence du Corps légis-

latif, la responsabilité des ministres, le vote annuel de l'impôt. De même, aux envahissements du pouvoir législatif, il faut que le roi, pour garantir sa couronne, puisse opposer, non pas un *veto* suspensif, qui serait une arme illusoire, mais le *veto absolu* et le droit de dissoudre la Chambre des députés. Ces sages réflexions ne l'emportèrent pas. Le *veto* suspensif fut adopté à la majorité de six cent soixante-treize voix contre trois cent vingt-cinq. Sur la question des deux chambres, son projet fut également rejeté.

Lorsqu'un général a perdu une bataille, il ne songe plus qu'à effectuer une retraite honorable, c'est ce que fit Mounier ; MM. de Lally, Bergasse et de Clermont-Tonnerre suivirent son exemple et se retirèrent du comité de Constitution. A partir de ce moment, la révolution changea d'allures et de tendances. Les hommes qui auraient pu la diriger étaient vaincus.

Le temps de l'épreuve avait commencé. C'est là qu'on reconnaît les âmes fortes ; c'est là que Mounier a été grand par son courage.... Etre brave sur un champ de bataille, ne pas reculer devant le feu de l'ennemi, se jeter dans la mêlée avec cette bouillante ardeur du zouave qu'on appelait autrefois la *furia francese*, voilà qui est beau assurément, mais pour cela, il suffit d'être Français. Il est une chose plus difficile, plus méritoire, plus rare, c'est de présider une assemblée tandis que l'orage gronde à la porte, tandis que le sang coule dans la rue ; de braver les cris, les menaces, les insultes et de conserver sa dignité. C'est ce qui arriva à Mounier. Dans la séance du 28 septembre, il avait été appelé à la présidence, et il eut à remplir cette périlleuse fonction pendant les journées des 5 et 6 octobre.

Je ne vous redirai pas les désastres bien connus de ces tristes journées. La disette à Paris, le repas des gardes-du-corps à Versailles : il n'en fallait pas tant pour servir de prétexte à la sédition. Et pendant qu'à Paris on répandait à profusion les plus basses calomnies, les plus ignobles pamphlets contre le roi et la reine, les factieux s'efforçaient, à l'Assemblée, de détruire les derniers vestiges de la puissance royale.

Ils avaient pour chef un homme redoutable par le prestige de sa parole et par son irrésistible influence, le conseiller intime du duc d'Orléans et le principal auteur de tous ces troubles : c'était Mirabeau. Bien informé de tout ce qui devait se passer, il vient, le 5 octobre au matin, se placer derrière le fauteuil du président. « Monsieur le président, lui dit-il, « 40,000 hommes armés arrivent de Paris. Pressez la « délibération, levez la séance : trouvez-vous mal, dites « que vous allez chez le roi. — Je ne presse jamais les dé- « libérations, on ne les presse que trop souvent. — Mais, « Monsieur le président, ces 40,000 hommes.... — Tant « mieux ! ils n'ont qu'à nous tuer tous, mais tous, entendez- « vous bien ! les affaires de la république en iront mieux. « — Monsieur le président, le mot est joli. » Il était plus que joli, il était écrasant, il était sans réplique. Et lorsque, dans la soirée, Mounier invite les députés à se rendre au château pour entourer le roi, il ferme de nouveau la bouche à Mirabeau, qui lui opposait la dignité de l'Assemblée, par cette admirable réponse : « Notre dignité est dans notre devoir. »

Tentant un dernier effort pour sauver la monarchie, Mounier se rend au château. Appelé par le roi dans son cabinet, il lui donne le conseil d'accepter purement et sim-

plement la Constitution, d'employer la force contre la
révolte et, si l'issue de la lutte n'est pas favorable, de se
retirer à Rouen ou dans une autre ville, avec les députés
fidèles. Ce plan fut rejeté par le conseil, après une
délibération de cinq heures; mais le roi donna sa sanction
aux articles constitutionnels. — Lorsque Mounier revient
à l'Assemblée pour annoncer cette nouvelle, il trouve la
salle envahie : les bancs sont remplis d'hommes armés de
piques, de femmes qui demandent du pain, en lui repro-
chant d'avoir défendu ce *vilain veto*, et en le menaçant
de la *lanterne*. — Il leur répond que le seul moyen d'a-
voir du pain est de rentrer dans l'ordre. — Le lendemain,
6 octobre, lorsque le roi se fut définitivement constitué
prisonnier de son peuple, en décidant qu'il allait s'établir à Paris, Mounier, en sa qualité de président, s'occupait de désigner les députés qui devaient accompa-
gner la famille royale. Il raya de la liste le nom de Mirabeau.
Un moment après, Mirabeau vint à lui en disant : Mon-
« sieur le président, j'apprends que vous ne voulez pas que
« j'aille à Paris; vous avez raison, si vous consultez mon
« goût; mais si vous consultez l'intérêt du roi et de la reine,
« vous savez que j'ai quelque popularité ; elle pourrait leur
« être utile. — Monsieur, ceux qui ont assez de crédit
« sur l'esprit du peuple pour l'apaiser, peuvent aussi le
« soulever. » Mounier, pour la troisième fois dans l'espace
de deux jours, venait de braver Mirabeau au moment où
il avait le plus de puissance. Il avait bravé cette multitude
furieuse; il avait bravé ses insultes, résisté à ses violences.
Mais il avait le cœur navré de tout ce qu'il avait vu : le
roi était captif; l'Assemblée, transportée à Paris, ne pouvait
plus agir librement.

Assister aux progrès du désordre et du mal, et se sentir impuissant à les arrêter, lui paraissait une situation affreuse, et c'était celle qui lui était réservée. « Il résolut de se « soustraire au joug qu'il n'était pas en son pouvoir de « briser et que sa conscience ne lui permettait pas d'ac- « cepter (1), » car il ne voulait être ni coupable ni complice.

Le 8 octobre, il donna sa démission de président; le 10, il prit la route du Dauphiné, après avoir signé un grand nombre de passeports à plusieurs députés. Il espérait, en regagnant sa province, que ceux-ci pourraient, après avoir éclairé leurs commettants sur les évènements, for- mer une assemblée qui lutterait contre celle de Paris, et qui délibérerait librement. C'est du moins ce qu'il allait tenter à Grenoble. « Le Dauphiné a appelé les Français à « établir la liberté, » disait-il à M. de Lally, quelques heures avant son départ; « il faut qu'il les appelle aujourd'hui à « défendre la royauté. » — Mais en Dauphiné les choses avaient bien changé depuis qu'il l'avait quitté; en quel- ques mois, l'influence de Paris avait eu le temps de s'y faire sentir, et Mounier avait perdu la sienne.

Mirabeau, qui a voulu se venger, sans doute, de ses dé- faites du 5 octobre, a dit, en parlant de la réponse de Mou- nier : « Ce mot, qui a plus de caractère que le *pauvre fugitif* « n'en a montré depuis, lui fait honneur. » — Il en par- lait à son aise, de caractère et d'honneur, ce gentilhomme renégat, devenu le courtisan du peuple et prostituant son génie au service des plus viles passions !

Pour nous, Messieurs, sans appeler ce départ une fuite

---

(1) *Appel au tribunal de l'opinion publique.*

et cette démission une lâcheté (1), les lui reprocherons-
nous, avec quelques juges trop sévères, comme un acte de
faiblesse? Comment oserait-on accuser de faiblesse un
homme qui vient de faire preuve d'un courage et d'une
fermeté héroïques?... Et tout en désapprouvant cette résolution, tout en regrettant que Mounier ne soit pas resté jusqu'au bout, comme Maury et Cazalès, dans une assemblée
où sa présence pouvait encore être utile, disons, avec
Mme de Saël : « Une juste indignation lui fit commettre cette
« erreur, » et je me permets d'ajouter que cette erreur est
excusée par les plus nobles motifs.

Le 26 octobre, l'assemblée rendit un décret qui inter-
disait toute réunion des Etats, mais ce ne fut que le 15
novembre que Mounier rompit le dernier lien qui le
rattachait à la vie politique. Après avoir consulté ses amis,
dont un seul fut d'avis contraire, il envoya sa démission
de député.

Il venait de publier une brochure où il exposait sa
conduite à Versailles et les motifs de son retour à Grenoble.
On y répondit par un grossier pamphlet, et Mounier eut
à subir, lui aussi, « ces prodiges d'inconstance et d'ingra-
« titude réservés aux princes quand ils sont libéraux, et
« aux hommes supérieurs quand ils sont honnêtes (2).

Outrages, menaces, placards injurieux, aucun genre d'a-
mertume ne lui fut épargné. On lui reprochait d'avoir

_____

(1) On est allé jusque-là dans un grossier pamphlet écrit contre Mounier à cette époque.

(2) Montalembert.

déserté la cause de la liberté, d'être venu pour accaparer les grains. On accusait les *aristocrates*, et il était du nombre, d'avoir appelé une armée de 15,000 Piémontais pour assiéger la ville. On menaça de mettre le feu à une maison de campagne où il avait passé vingt-quatre heures (1). Le 22 mai, il prenait la route de l'exil et traversait en proscrit ce pays où quelques mois auparavant il était traité en vainqueur....

Il alla rejoindre sa femme et ses enfants à Chambéry. Ne voulant à aucun prix accepter les offres des gouvernements en guerre avec la France (2), il choisit pour asile un état neutre, et se dirigea vers la Suisse.

Là, il dut éprouver, comme l'a dit une voix éloquente que je vous citais tout à l'heure, « ce qui fait l'inénarrable « douleur des exilés et des proscrits : ils sont par terre, ils « ne peuvent rien, rien pour la patrie qu'ils aiment et « pour laquelle ils donneraient leur sang. » Cependant, Mounier pouvait encore quelque chose : il avait sa plume et il s'en servit pour éclairer son pays sur ses intérêts et sur ses destinées. Il s'était réfugié à Genève chez la comtesse de Tessé, la tante de cette femme héroïque dont une publication récente nous a fait connaître les vertus et les malheurs (3).

Du fond de sa retraite, il publia deux ouvrages importants ; l'un où il dévoile la conspiration de Mirabeau et du duc d'Orléans ; il a pour titre : *Appel au tribunal de l'opi-*

---

(1) *Adresse aux Dauphinois.*

(2) Il refusa une agence pour l'achat des munitions navales anglaises à Pétersbourg.

(3) *La marquise de Montagu.*

*nion publique du rapport fait sur les journées des 5 et 6
octobre*. L'autre, intitulé : *Recherches sur les causes qui
ont empêché les Français d'être libres et sur les moyens qui
leur restent pour acquérir la liberté*; ouvrage intéressant
à lire aujourd'hui encore, qui renferme de sages observations et qui est le résumé de sa doctrine politique.

Ne restant étranger à rien de ce qui se passait en France,
dès qu'il connut le décret du 19 juin 1790 qui supprimait
les titres de noblesse, il écrivit une brochure intitulée :
Réflexions politiques sur les circonstances présentes. Il
montre que ce décret est contraire au vœu général. Il y a
en effet dans les cahiers, qui sont l'expression de la volonté
des trois ordres, c'est-à-dire, de la nation, ce principe :
« *Toutes les propriétés seront respectées.* » L'ordre des
communes ne peut pas prononcer l'abolition de la noblesse
parce qu'il est le plus nombreux. — Si ce n'est qu'une
question de nombre, les non propriétaires, plus nombreux
que les propriétaires, décideront un beau jour qu'il n'y
aura plus de propriété. Ce sont ici des individus, parties
intéressées, qui attaquent des propriétaires paisibles, sur
une propriété pour laquelle ils sont fondés en titre et en
possession. Il montre enfin que la noblesse est nécessaire à
l'existence de la monarchie ; son abolition sera désastreuse.
Les écus remplaceront alors les titres. L'argent n'a déjà en
France que trop d'influence : si on y joint la considération,
tout sera perdu.

Telles sont les saines idées que Mounier expose dans
cet écrit peu connu et qui mérite pourtant de l'être.
Les évènements le forcèrent bientôt à quitter Genève. Il
alla se fixer à Berne, où il trouva le plus sympathique
accueil. La petite république, reconnaissante des conseils

de Mounier, lui offrit une médaille d'or avec cette inscrip-
tion : *Josepho Mounier, civi Gallico de republica bene
merito.*

Un des plus beaux spectacles qui se puissent voir au
monde, Messieurs, c'est le travail luttant contre la pauvreté;.
il faut tant de vertu pour ne pas succomber dans la lutte ;
quand on ne s'y est pas habitué de bonne heure ! Mounier
a connu aussi ce genre d'épreuve. Le nombre de ses enfants
s'était accru ; ses ressources étaient devenues insuffisantes ;
les communications avec la France étaient impossibles, et
cependant il fallait avoir du pain à manger. Il avait refusé
une place de grand-juge au Canada, que lui offrait l'Angleterre ; mais il accepta de faire l'éducation d'un jeune Anglais, le fils de lord Hawke. Il vint le chercher à Londres,
où il retrouva son ancien collègue, M. de Lally : il fut présenté au roi, à lord Granville ; mais, malgré un excellent
accueil et de séduisantes propositions, il repartit au bout
de trois jours avec son élève. Il lui fit parcourir la Suisse,
le nord de l'Italie et composa pour lui un petit ouvrage où
il combat le principe de la souveraineté du peuple : *Adolphe,
ou Principes élémentaires de politique, et résultat de la plus
fâcheuse expérience.....* Sa mission terminée, il se décida à
aller chercher en Allemagne la tranquillité dont il ne jouissait plus en Suisse.

Au mois d'octobre 1795, il va s'établir avec sa famille dans
un de ces petits États qui, hélas ! deviennent de plus en plus
rares aujourd'hui, depuis que la fièvre des annexions s'est
emparée de l'Europe. C'est là, sous le gouvernement pater-
nel d'un souverain ami des arts et des lettres, qui est ordi-

nairement en bons rapports avec ses voisins, parce qu'il n'est pas tourmenté par la soif des conquêtes ; c'est là qu'on connaît et qu'on savoure les douceurs de la paix. Tel était le duc de Saxe-Weymar, auprès duquel Mounier vint chercher un asile. Charmé d'avoir dans ses Etats un homme dont le mérite lui était connu, le prince mit à sa disposition un château appelé le Belvédère, pour qu'il y fondât une maison d'éducation.

Mounier s'était aperçu qu'il y a dans notre système d'éducation, en France, une lacune importante à combler. Depuis le moment où il a achevé ses études classiques, un jeune homme destiné au maniement des affaires publiques n'a d'autres ressources que lui-même pour se préparer à ses importantes fonctions. En Angleterre, les universités de Cambridge, d'Oxford, etc., répondent à ce besoin ; ceux qui doivent un jour siéger à la chambre des lords ou dans celle des communes trouvent là ce complément d'études si nécessaire et qui donne aux Anglais une si grande supériorité. C'est quelque chose d'analogue que Mounier voulut créer au Belvédère, et nul autre n'était plus capable que lui de réaliser cette grande idée. Il parvint à réunir autour de lui une vingtaine d'élèves, parmi lesquels se trouvait le fils du duc de Saxe-Weymar. Il leur faisait des cours d'histoire, de philosophie et de droit public, qu'il préparait et rédigeait avec soin (et qui malheureusement n'ont pas été conservés). C'est à cette époque qu'il composa le dernier et le plus soigné de ses ouvrages politiques : *De l'influence des philosophes sur la Révolution de France*. — Initier des jeunes gens à la politique et à la diplomatie était pour l'exilé une très-douce occupation qui le ramenait à ses études favorites et le laisait penser à la France. Mais, au milieu de ses travaux, un coup de foudre vint le frapper : sa femme fut enlevée inopinément à son affection. La perte de celle qui avait partagé ses joies, ses tristesses, et qui l'avait aidé à supporter les privations de l'exil, fut pour Mounier une de ces immenses douleurs auxquelles on se résigne, mais dont on ne se console jamais.

Cependant, en France, l'horizon commençait à s'éclaircir : on était las des révolutions, on avait besoin de calme. Le coup d'Etat du 18 brumaire venait de renverser le Directoire : on commençait enfin à respirer après tant de secousses. Mounier sacrifia tout au désir de revoir sa patrie. Son nom fut un des premiers rayés de la liste des émigrés. Dès que ses amis lui eurent appris cette heureuse nouvelle, il confia son établissement à un homme honorable, et, au commencement d'octobre 1801, il prit la route de Grenoble.

Après douze ans d'absence, il arrivait pour assister à cette œuvre de régénération sociale qui fut la gloire du Consulat. Le concordat allait être signé, la religion catholique rétablie, les autels relevés par le vainqueur de l'Italie et de l'Egypte, devenu le maître et le successeur de la Révolution. Châteaubriand lui dédiait solennellement son *Génie du christianisme* et le comparait à Cyrus, libérateur du peuple de Dieu. Il est vrai que plus tard, dans une seconde édition, cette flatteuse préface fut soigneusement retranchée par l'auteur de la brochure : *Bonaparte et les Bourbons*. — Mounier partageait la joie de tous les amis de l'ordre, sans songer pourtant à rentrer dans la vie publique. Mais le premier consul, « attentif à ménager les opinions des partis, « à frapper l'imagination de la foule, à épier les talents, à

« s'approprier toutes les gloires (1), jeta les yeux sur l'ancien président de l'Assemblée constituante. Sans consulter ses goûts ni ses répugnances, Mounier n'avait qu'un désir : celui d'être utile à son pays. Il accepta la préfecture d'Ille-et-Vilaine ; mais il n'abdiquait pas pour cela ses principes et ne renonçait pas à ses vieilles affections. « Resté libéral, en dépit de tant de défections, de tant de mécomptes et de criminelles folies commises au nom de la liberté, » il conserva jusqu'à la fin l'énergie de ses convictions et la dignité de son attitude.

La Bretagne ne s'était soumise qu'imparfaitement à la domination du premier consul. C'était encore pour lui un foyer d'insurrection et de complots. Mounier fut un instrument bien utile pour travailler à la pacification des esprits dans son département. Après avoir déjoué un complot démagogique dans l'armée et obtenu le pardon de ceux qui en étaient les auteurs, il eut l'occasion de déployer une fermeté d'autant plus remarquable qu'elle était rare à cette époque chez ceux-là même qui se disaient naguère les plus zélés partisans de la Révolution et les plus hardis défenseurs de la liberté.

On avait dénoncé au premier consul plusieurs Bretons dont les noms paraissaient suspects. Aussitôt il avait dépêché un de ses aides de camp, avec ordre de les arrêter et de les faire transporter à Paris pour les livrer à un de ces tribunaux improvisés, dont la mission n'était pas de juger,

(1) Villemain, *Châteaubriand et la Tribune française.*

mais de condamner. Mounier avait l'âme trop honnête
pour approuver de pareilles mesures. La conscience du
magistrat s'était révoltée. Il n'hésita pas à user de son autorité pour faire remettre les prétendus auteurs de la conspiration à la disposition de leurs juges naturels, qui pronon-
cèrent leur acquittement. Cet acte de résistance à l'arbitraire dut étonner, sinon irriter le premier consul ; mais le
nom de Mounier avait trop de prestige ; son influence était
trop précieuse : la disgrâce à laquelle on pouvait s'attendre
n'arriva pas.

Un acte important signala l'administration de Mounier ;
c'est un arrêté spécial qu'il prit avant l'exécution du concordat, pour qu'on rendît aux morts, dans son département, les honneurs publics de la sépulture ecclésiasti-
que.

Le 12 pluviôse an 13 (1er février 1805), il fut appelé par
l'Empereur, vu ses services administratifs, au Conseil
d'Etat. Il y apportait le secours de ses lumières et de sa
haute expérience ; mais lorsque, fidèle à ses opinions, il
prêchait la monarchie constitutionnelle, il ne parvenait pas
à se faire écouter. « Ah ! Mounier, vous êtes toujours
l'homme de 89, » lui disait un jour l'Empereur. — « Sire,
lui répondait-il, les temps changent, mais les principes ne
changent pas ! » Noble devise qui devrait être celle de tous
les hommes appelés aux fonctions publiques ; car c'est la
devise des caractères fortement trempés, des âmes généreuses qui ne savent pas ce que c'est que de courtiser
le pouvoir le lendemain du jour où on s'est posé comme
champion de la liberté !

Dans sa nouvelle position, Mounier se préoccupait des

intérêts du Dauphiné. Inaccessible à la rancune, il avait oublié combien ses compatriotes avaient été ingrats à son égard. Son dernier rapport au Conseil d'Etat fit rendre le décret (16 messidor an 13) qui ordonnait le dessèchement des marais de Bourgoin. Et son dernier acte dans la vie publique fut un service rendu à un pays qu'il ne cessa jamais d'aimer.

Mounier n'avait que quarante-sept ans, mais ses forces physiques n'étaient plus au niveau de sa force morale. Il était usé avant le temps ; depuis la perte cruelle qu'il avait faite à Weymar il ne s'était jamais rétabli. Le chagrin et surtout les efforts qu'il fit pour comprimer sa douleur l'avaient miné sourdement (1). C'était la cause des accès de mélancolie auxquels il était sujet vers la fin de sa vie.

Ami fidèle, excellent père de famille, tout dévoué à l'éducation de ses enfants, Mounier, comme homme privé, se fit chérir de tous ceux qui l'entouraient.

On lui avait reproché à l'Assemblée constituante des formes un peu brusques et une certaine opiniâtreté dans la discussion. Ces légers défauts avaient presque complètement disparu à son retour de l'émigration.

Le 26 janvier 1806, il s'endormit paisiblement près de son feu, pour ne plus se réveiller.

Le caractère et les qualités de l'homme se reflètent dans sa vie et dans ses écrits. Jurisconsulte, homme d'état, professeur, tels sont les trois titres par lesquels Mounier se recommande à notre estime.

---

(1) Il avait une maladie au foie et mourut d'une hydropisie de poitrine.

Ayant l'honneur de m'adresser à des jurisconsultes, je voudrais pouvoir, Messieurs, vous dire quelque chose de ses écrits judiciaires, de ce mémoire sur un procès important, présenté au sénat de Turin, et d'un discours de clôture qui fut, dit-on, fort remarqué. Mais j'en suis réduit, comme vous, à regretter de ne pas le connaître. Tout cela a disparu à une époque où on détruisait bien des choses, sous la Terreur. Quant aux ouvrages du professeur, la mort est venue l'empêcher de les publier. Restent donc les ouvrages politiques; ce sont, il faut bien le dire, les plus considérables. Il en est deux qui suffisent pour faire connaître et apprécier leur auteur.

En 1792, Mounier était à Genève : il assistait de loin à la chute de cette monarchie qu'il avait défendue comme la sauvegarde de la liberté. — Ce fut l'âme profondément attristée qu'il prit la plume pour sonder les plaies qui affligeaient la France et pour indiquer les remèdes qui seuls pouvaient les guérir. Dans ses *Recherches sur les causes qui ont empêché les Français de devenir libres,* etc...., il commence par définir la liberté telle qu'il l'entend et qu'il la souhaite pour sa patrie. Il montre que si la liberté civile « peut exister quelquefois avec le gouvernement absolu « d'un seul, il est impossible qu'elle subsiste avec le pouvoir « placé dans le peuple. » — A cette question : *Les Français ont-ils acquis la liberté par la Révolution ?* Il répond : *Quelle affreuse idée il faudrait avoir de la liberté pour croire qu'elle existe en France.* — Il suffit de se rappeler la définition de la liberté personnelle (sûreté dans sa personne et sûreté dans ses biens), pour se convaincre que la Révolution l'a détruite.

Il en est venu à regretter l'ancien régime. « Malgré les
« lettres de cachet, malgré les abus d'autorité des officiers
« civils et militaires, la liberté personnelle existait au plus
« haut degré, comparée à l'odieuse servitude qui flétrit de
« nos jours le caractère national. » Il examine ensuite quel
usage l'Assemblée nationale a fait de sa puissance, et, dans
un chapitre qui contient un jugement sévère, mais juste, il
rappelle tous les actes de tyrannie, tous les excès de pouvoir commis par ceux qui avaient pour mission de détruire
les abus et de faire respecter des droits qu'ils ont été les
premiers à méconnaître. « Si, dans la foule de ses décisions,
« dit-il, on rencontre quelques dispositions utiles, elle les
« a puisées dans les intentions manifestées par le monar-
« que et dans les cahiers de ses commettants ; elle s'en est
« servie comme un malfaiteur se sert d'un aliment sain pour
« envelopper le poison. »

Parmi les excès de pouvoir qu'il reproche à l'Assemblée,
il en est un qu'il blâme hautement : c'est la *Constitution
civile du clergé*, de ce clergé « qui pardonna le vol de ses
« biens, mais non la tyrannie sur les consciences, qui
« brava ses oppresseurs, ne fut abandonné que par un petit
« nombre des siens et se couvrit de gloire par son désin-
« téressement et sa fermeté. » Enfin, il n'y a plus qu'un
moyen de faire revivre la liberté, c'est de rétablir l'ordre
en se ralliant à l'autorité royale : « Que sous le seul éten-
« dard du *royalisme*, on ne connaisse qu'un seul parti : celui
« des gens de bien unis contre les brigands. » Plus tard,
quand l'ordre sera rétabli, on aura une Constitution, c'est-
à-dire une monarchie tempérée par les deux chambres et
par la responsabilité des ministres. Mais, en attendant, il
faut donner au roi, pour quelque temps, un pouvoir dicta-

torial, et nul n'est plus digne que Louis XVI de la confiance de ses sujets.

Mounier, avec son esprit exact et modéré, avait horreur des exagérations et des partis pris ; chaque fois qu'il les rencontrait sur son passage, il les combattait sans relâche, comme aussi sans amertume. — Un livre qui fit beaucoup de bruit à cette époque (1) attribuait aux philosophes tout le mal commis pendant la Révolution. L'auteur comprenait sous ce nom et enveloppait dans l'anathème général tous les écrivains, penseurs, moralistes, littérateurs, économistes, qui ont écrit pendant le xviiie siècle. Mounier ne pouvait comprendre qu'on traitât Montesquieu et Malesherbes de conspirateurs. Il n'hésita pas à faire une réfutation, et publia son livre *De l'influence attribuée aux philosophes sur la Révolution.*

Mais comme, en défendant une cause, on est ordinairement entraîné à la voir sous son jour le plus favorable, Mounier, malgré de justes et prudentes réserves, fait peut-être la part trop belle à la philosophie du xviiie siècle, et surtout à Voltaire et à Rousseau. Tout en déplorant les faux systèmes sur l'égale distribution des richesses, sur la souveraineté du peuple, tout en reconnaissant que parmi ces philosophes il y a eu des athées et des sophistes, il les méprise comme des ennemis sans danger. — Jugeant des autres par lui-même, il suppose trop facilement que la majorité de la nation se compose d'honnêtes gens

---

(1) *Mémoires pour servir à l'histoire du jacobinisme, de l'impiété et de l'anarchie,* par l'abbé Barruel.

4

comme lui, et ne croit pas que de pareilles folies puissent séduire et égarer l'opinion publique.

C'est la seule critique que l'on puisse adresser à un ouvrage écrit d'ailleurs avec cette sobriété, cette mesure, cette netteté, cette force de raisonnement qui font le mérite du style de Mounier.

Quelqu'un a dit, Messieurs, que les révolutions font vieillir les idées plus vite que les hommes. Celles de Mounier sont toujours jeunes, mais elles n'ont commencé à triompher qu'après sa mort. S'il n'a pas assez vécu pour assister à ce triomphe, du moins son fils (1) a pu jouir des bienfaits de cette double restauration qui, en ramenant les Bourbons sur le trône, faisait revivre en même temps à ses yeux les vrais principes de 1789. En

---

(1) Edouard Mounier avait commencé sa carrière sous Napoléon Ier. Nommé auditeur au Conseil d'Etat en 1806, à l'âge de 22 ans, il suivit, dans la campagne de Prusse, l'Empereur, qui lui donna l'intendance civile du duché de Saxe-Weymar, et, en 1807, celle de la Basse-Silésie. En 1812, il reçut le titre de baron avec une dotation en Poméranie. L'année suivante, il devenait maître des requêtes avec le titre d'intendant des bâtiments de la couronne.

En 1814, il fut confirmé par Louis XVIII dans cette double qualité; créé conseiller d'Etat au mois d'août 1815, et chargé, sous la haute direction du duc de Richelieu, de liquider les créances que les souverains étrangers faisaient valoir contre la France, afin de pouvoir obtenir la libération du territoire, à force d'habileté, il obtint pour son pays les conditions les plus avantageuses qu'on pût espérer. En 1819, il fut nommé pair de France; l'année suivante, il refusait le portefeuille de l'Intérieur. Sous l'administration de M. de Villèle, il fut mis en service extraordinaire au Conseil d'Etat, et ainsi à demi-expulsé de ce corps où l'on regrettait ses lumières et sa haute capacité. Il y rentra en 1828,

l'appelant au Conseil d'Etat et ensuite à la Chambre des pairs, Louis XVIII rendit un juste hommage au mérite personnel du baron Edouard Mounier, et à un nom qui fut ainsi deux fois glorieusement porté.

Grenoble, le 8 décembre 1865.

mais il donna sa démission en 1830 ; seulement, il resta pair de France et déploya beaucoup de talent dans les questions politiques et financières qui furent agitées au palais du Luxembourg. En 1839, on lui offrit de faire partie du nouveau cabinet formé par Louis-Philippe; il refusa. Quatre ans après, en 1843, il mourut entouré de l'estime de tous les partis.